Déco Campagne

A mes amis de la campagne et de la ville : Renaud et Élisabeth, Sabine et Alex, Patrick et Christian, Giselle et Xavier, Fabio et Christine, Claire...

Direction artistique : studio de création Flammarion
Conception graphique : Delphine Delastre
Photographies : Claire Curt
Stylisme : Franck Schmitt
Directrice de collection : Véronique Papillard

Éditions du Club France Loisirs, Paris
Avec l'autorisation des éditions Flammarion
Éditions France Loisirs,
123, boulevard de Grenelle, Paris
www.franceloisirs.com

ISBN : 2-7441-6510-7
N°d'édition : 38520
Dépôt légal : novembre 2003

Franck Schmitt

photographies de
Claire Curt

Déco Campagne

Éditions France Loisirs

Sommaire

Avant-propos

La campagne, synonyme d'évasion, de repos et de partage.
Pour certains, c'est le quotidien, mais pour beaucoup d'autres, c'est exceptionnel !

Alors pour vous faire rêver chaque jour de promenades dans les bois, de cueillettes de champignons ou de soirées au coin du feu, nous avons regroupé dans ce livre quarante idées à mettre en œuvre pour la maison ou le jardin, à réaliser à partir de multiples techniques : peinture au pochoir, au tampon, sur porcelaine, sur verre, sur bois ou sur tissu, mais aussi couture, broderie, patchwork, gravure sur bois ou sur verre, collage...

Les réalisations sont réparties en six chapitres : décors au naturel, rangements malins, cuisine en famille, plaisir de recevoir, jardin à vivre et moments de détente.
A vous de découvrir les lampes, nappes, plateaux, housses, coussins, cadres et autres objets décoratifs et utiles qui, par leur style, vont personnaliser votre intérieur et vous faire vivre au rythme de la nature. Le style campagnard ne s'invente pas, il se ressent.
Il exprime notre passé et notre avenir.

Matériaux mode d'emploi

Privilégier les matières naturelles

Lorsque l'on évoque le style campagne, on pense forcément à des matières simples et authentiques : lin, coton, chanvre ou jute. Côté imprimés, les fleurs et motifs liberty sont des évidences soulignées par quelques tissus à rayures ou à carreaux. Côté matière, le bois a le beau rôle, brut ou ciré, lasuré ou patiné, il raconte toujours une histoire...

Donner du charme et de la patine

N'hésitez pas à patiner vos créations pour leur donner un air ancien. Le bois peint est passé au cirage marron, puis lustré à la brosse ou simplement reponcé par endroits pour imiter l'empreinte du temps.

Jouer sur les motifs

Animaux de la ferme, fleurs, feuilles ou cœurs, sachez choisir le bon motif. Peinture au pochoir, broderie ou impression au tampon, toutes ces techniques vous permettront de personnaliser vos créations.

Réinventer les gammes de couleurs

Outre les gammes de couleurs classiques (rouge et écru, bleu ou vert), osez choisir des teintes acidulées comme le rose, le vert anis, l'orange ou le mauve, qui dynamisent vos créations et réinventent la campagne d'aujourd'hui.

Mélanger les styles

Entre un petit air d'autrefois et modernité, aucun choix à faire, mais de savants mélanges à opérer. Lignes pures et matières brutes, motifs de charme et couleurs fortes, tout est permis tant que la nature est présente, laissant filtrer nos racines en transparence.

Décors au naturel

Pour le plaisir de décorer sa maison
et d'inventer des objets beaux et simples à la fois.
Lampes, cadres, stores et vases se déclinent
dans des matériaux naturels et des teintes claires.

ENSEIGNEMENT AGRICOLE
PLANTES FOURRAGÈRES
PRAIRIES NATURELLES

Atout cœur et fleurs

Un abat-jour se pare de fleurs et de broderies blanches, s'ajoure en motifs... Une variation de techniques sur différents tons de blanc.

Matériel

- 1 abat-jour en coton blanc de 16 cm de diamètre et 22 cm de haut
- 1 feuille de papier calque format A4
- Crayon à papier
- Ruban adhésif
- Grosse aiguille à tapisser
- 16 fleurs blanches en tissu de 3 cm de diamètre
- Pistolet à colle ou colle forte
- Fil de laine blanche épaisse

Cet abat-jour s'accordera parfaitement avec un pied de lampe en bois naturel.

Perçage à l'aiguille de l'abat-jour

Reportez sur la feuille de calque le cœur (voir patron p. 120) et positionnez-le au centre de l'abat-jour en le fixant avec le ruban adhésif.

Piquez-le à l'aiguille tous les 0,5 cm en suivant les contours.

Retirez délicatement le calque.

Collage des fleurs au bas de l'abat-jour

Coupez les tiges des fleurs et collez ces dernières une à une en bas de l'abat-jour, tous les centimètres.

Broderie du haut

Brodez le haut de l'abat-jour avec un pointillé de laine blanche en faisant des points de 1 centimètre.

TECHNIQUES UTILISÉES : piquage, collage, broderie

Élégance récup'

Un peu de feutre, quelques perles... et de simples boîtes de conserve se transforment en vases fantaisie !

Matériel

- 3 boîtes de conserve de tailles différentes
- 1 bombe de peinture blanche pour métal
- 50 x 50 cm de feutre beige
- Ciseaux
- 40 perles blanches
- Pistolet à colle ou colle forte

Préparation et peinture des boîtes de conserve
Prenez trois boîtes de conserve vides, retirez les étiquettes et nettoyez-les correctement. Une fois qu'elles sont bien sèches, vaporisez la peinture à métal et laissez-les sécher 4 heures. Appliquez ainsi plusieurs couches uniformes et régulières.

Confection et collage des fleurs
Découpez dans la feutrine des fleurs de trois tailles différentes (voir patron p. 120).
Collez-les d'un point de colle au centre sur les boîtes de conserves.
Au centre des fleurs, collez les perles.

TECHNIQUES UTILISÉES :
peinture sur métal, collage

Bois vieux, bois vert

Tasseaux, baguettes et fronton d'armoire pour un cadre à l'ancienne.

Matériel

- 2 tasseaux de sapin de 88 x 5 cm et de 1 cm d'épaisseur
- 2 tasseaux de sapin de 66 x 5 cm et de 1 cm d'épaisseur
- Colle à bois
- Agrafeuse murale
- 2 baguettes de pin de 45 x 2 cm
- 2 baguettes de pin de 53 x 2 cm
- 1 dessus d'armoire de 45 cm de long
- 20 pointes tête-d'homme
- Marteau
- 1 pot de peinture acrylique verte
- 1 pot de peinture acrylique blanche
- 2 pinceaux plats
- 1 boîte de cirage brun
- 1 brosse à chaussures

TECHNIQUES UTILISÉES :
peinture sur bois,
patine

Construction du cadre

Coupez les extrémités des tasseaux de sapin en biseaux avec un angle de 45 degrés. Coller-les à plat, puis clouez-les. Retournez le cadre et agrafez les angles pour un meilleur maintien. Placez, sur l'arrière du cadre à 2 centimètres du bord extérieur, les deux baguettes de 45 centimètres en les fixant avec les pointes tête-d'homme sur les largeurs du cadre. Placez de la même façon sur les longueurs du cadre les deux baguettes de 53 centimètres. Positionnez à l'avant du cadre le fronton d'armoire avec des pointes tête-d'homme.

Peinture

Appliquez sur l'ensemble deux couches de peinture verte, en laissant sécher 1 heure entre chaque couche. Mélangez un peu de peinture verte à la blanche pour obtenir une couleur plus claire et appliquez-la sur les contours du fronton d'armoire. Laissez sécher 1 heure.

Patine

A l'aide d'un pinceau, passez l'ensemble au cirage marron pour créer un effet patiné. Laissez sécher et brossez avec une brosse à chaussures pour faire briller.

ENSEIGNEMENT AGRICOLE
PLANTES FOURRAGÈRES
PRAIRIES NATURELLES
TABLEAU N° 23
N° 623

Cœurs d'oiseaux

Pour se protéger de la lumière du jour sans se priver des oiseaux, quelques dessins au croquet sur un store en lin.

Matériel

- 1 store bateau, ou un rideau, de 170 x 100 cm en lin bicolore
- Craie à tissu
- 400 cm de croquet blanc de 0,5 cm de large
- Épingles
- Ciseaux
- Aiguille à coudre
- 1 bobine de fil blanc
- 2 boutons de chemise blancs
- 1 bouton plus gros
- Fer à repasser

Dessin des oiseaux et du cœur
Dessinez à la craie à 5 centimètres du bas du store les deux oiseaux et le cœur (voir patron p. 121).

Couture du croquet et des boutons
Appliquez le croquet à l'aide des épingles, puis cousez-le à la main à petits points. Pour les ailes des oiseaux, découpez deux longueurs de croquet et cachez les bords sous le croquet du dos de l'oiseau. Cousez les deux boutons de chemise pour faire les yeux des oiseaux et le gros bouton au centre du cœur.

Repassage
Repassez à fer doux pour aplatir le croquet.

TECHNIQUES UTILISÉES :
dessin, couture

Cœur, trèfle... et feutre

Réalisés dans du feutre écru, des cadres tout doux pour y glisser ses plus beaux souvenirs...

Matériel

- 80 x 32 cm de feutre écru
- Ciseaux
- Cutter
- Colle à tissu
- Pinceau
- 20 x 5 cm de feutrine taupe
- 3 anneaux en métal de 1 cm de diamètre
- Aiguille à coudre
- 1 bobine de fil écru

Découpe des feutres

Découpez six carrés de 16 centimètres de côté et trois carrés de 14 centimètres dans le feutre écru. Évidez les trois carrés de feutre de 14 centimètres en découpant au centre un carré de 8 centimètres de côté à l'aide d'un cutter.

Superposition des couches de feutres

Collez à la colle à tissus les carrés de 16 centimètres deux par deux, puis collez par-dessus, en les centrant, les carrés de 14 centimètres (ne collez que trois côtés pour pouvoir glisser la photo).

Confection des motifs décoratifs

Découpez dans la feutrine taupe huit cœurs et quatre trèfles d'environ 2 centimètres de côté et collez-les aux quatre coins des carrés de 14 centimètres (voir patron p. 120).

Pose des anneaux d'accrochage

Cousez au dos des trois cadres un anneau à 5 centimètres du haut pour pouvoir les fixer au mur.

TECHNIQUES UTILISÉES :
découpe et collage du feutre

Tamis de lumière

Deux passoires émaillées s'assemblent pour former une lampe surprenante qui diffuse la lumière par petites touches.

Matériel

- 2 passoires en métal
- 1 embout de douille à vis
- 1 douille
- 1 fil électrique avec une prise et un interrupteur (150 cm)
- 1 ampoule adaptée à la douille
- 4 anneaux métalliques couleur argent
- Perceuse équipée d'une mèche à métaux
- Pince

Perçage de la passoire

Percez au fond d'une des passoires un trou avec la perceuse de la largeur de l'embout de douille.

Installation du système électrique

Insérez l'embout par-dessous. Insérez le fil électrique en laissant ressortir le fil à l'intérieur de la passoire.

Démontez la douille et vissez dans chaque pôle les fils électriques. Remontez-la douille, vissez-la dans l'embout. Installez une ampoule adaptée.

Fermeture de la lampe

Posez la seconde passoire au-dessus. Ouvrez les anneaux à l'aide d'une pince et resserrez-les sur les bords des deux passoires pour les assembler.

TECHNIQUE UTILISÉE :
perçage

Rangements malins

Étagères, boîtes, housses et meubles sont aussi utiles
que décoratifs. Dans des tons doux et pastels,
ils apportent à la maison
des petites touches de bon sens.

2

LA FLEUR DE CERIAN
CRD

Blanche frise

A suspendre ou à poser, une étagère pour ranger livres, CD, outils, jouets ou produits de toilette dans la salle de bains.

Matériel

- 4 planches de sapin de 70 x 15 cm
- 2 planches de sapin de 90 x 15 cm
- Colle à bois
- 60 pointes tête-d'homme
- Marteau
- 100 x 100 cm de frisette de bois
- Crayon à papier
- Scie sauteuse
- Papier de verre
- 1 pot de peinture acrylique blanche
- Pinceau plat
- 2 plaques de fixation trouées en métal
- 4 vis
- Tournevis

Assemblage du meuble
Collez et clouez deux planches de 70 centimètres pour faire le haut et le bas du meuble entre les deux grandes de 90 centimètres. Glissez les deux autres planches à égales distances pour faire les rayonnages, collez-les et clouez-les également.

Constitution du dos du meuble
Découpez les planches de frisette en planches de 90 centimètres de long. Clouez une première planche au dos de l'étagère. Emboîtez une deuxième planche de frisette sur la première.
Clouez-la et procédez ainsi de suite pour constituer le fond du meuble.

Découpe et pose de la frise
Dessinez sur trois morceaux de la frisette restante le motif de la frise (voir patron p. 121). Découpez-les à la scie sauteuse et poncez au papier de verre. Collez les frises sous les étagères et sous la planche du haut.

Peinture
Laissez sécher 1 heure et passez deux à trois couches de peinture blanche selon l'effet désiré.

Pose des fixations
Vissez à l'arrière de l'étagère, tout en haut, deux petites plaques en métal trouées pour permettre la suspension de l'étagère.

TECHNIQUES UTILISÉES :
sciage, assemblage, peinture sur bois

CHIENS

Porte à poches

Une porte s'habille d'un grand vide-poches pour accueillir livres, boutons, pinceaux et autres objets qu'on ne sait jamais où ranger...

Matériel

- 114 x 22 cm de lin brut
- 89 x 24 cm de métis beige
- 88 x 34 cm de lin motif cigale
- Ciseaux
- 2 rectangles de tissu de 180 x 70 cm, ou au format de votre porte
- 1 bobine de fil écru
- Machine à coudre
- Aiguille à coudre
- 5 rivets en métal dépolis de 5,5 cm de diamètre
- Épingles
- Craie à tissu
- Fer à repasser

Découpe des poches

Découpez dans les tissus des poches de différentes tailles : dans le lin brut, trois poches de 19 x 17 centimètres, une poche de 24 x 22 cm, une poche de 19 x 12 centimètres, et une poche de 14 x 12 cm ; dans le métis beige une poche de 57 x 24 centimètres, une poche de 32 x 24 centimètres ; et dans le motif cigale, une poche de 42 x 34 centimètres, une poche de 32 x 24 centimètres et une poche de 24 x 22 centimètres (voir patron p. 122) et réservez-les.

Confection de la portière

Assemblez les deux grands rectangles de tissus endroit contre endroit à 1 centimètre du bord sur trois côtés et demi. Retournez la portière et finissez la couture à la main. Posez les rivets en haut de la portière à 2 centimètres du haut en les espaçant de 8 centimètres.

Couture des poches

Positionnez les poches sur la portière en suivant l'exemple du patron, marquez des repères à la craie. Cousez un ourlet de 3 centimètres sur le haut de chaque poche et marquez au fer des ourlets de 1 centimètre sur les trois autres côtés. Épinglez, bâtissez les poches sur la portière et cousez-les à la machine à 0,1 cm du bord sur le bas et les côtés. Renforcez les coutures aux extrémités.

TECHNIQUE UTILISÉE :
couture

2
LETTUCE
MARTIN
Etage
a gauche

Clé des champs

Une clé pour le garage, une autre pour le poulailler, deux pour la maison et une dernière pour le portail du jardin. Toutes les clés de la maison sont réunies sur ce panneau pratique et décoratif.

Matériel

- 1 planche de sapin de 30 x 14 cm
- Crayon à papier
- Scie sauteuse
- Perceuse
- Papier de verre n°2
- 1 pot de peinture acrylique verte
- 1 pot de peinture acrylique blanche
- Pinceau plat
- Feutre fin
- 1 plaque de métal souple de format A4
- Cisaille à métaux
- 80 pointes tête-d'homme fines de 0,5 cm
- 4 clous
- Marteau
- 40 cm de raphia

Découpe et perçage de la planche

Reportez le modèle de découpe sur la planche en haut et en bas (voir patron p. 123) et découpez à la scie sauteuse pour lui donner sa forme définitive. Percez deux trous de chaque côté en haut pour pouvoir ensuite passer le rafia qui servira à accrocher le panneau à clés. Poncez le panneau au papier de verre.

Peinture

Peignez le panneau recto, verso et tranches avec la peinture verte ; n'appliquez qu'une couche pour laisser apparaître les veines du bois. Laissez sécher 1 heure. Peignez en blanc le contour de la planche avec le pinceau plat en traçant une bande de 1 centimètre de large. Laissez sécher 1 heure.

Confection des silhouettes en métal

Reportez avec le feutre les silhouettes du patron sur le métal. Découpez-les avec la cisaille. Fixez-les sur la planche peinte avec les petites pointes tête-d'homme.

Pose des fixations à clés

Enfoncez en oblique les quatre clous qui serviront à accrocher les clés à côté des silhouettes en métal. Vous pouvez maintenant passer le raphia dans les trous et suspendre votre panneau.

TECHNIQUES UTILISÉES :
peinture sur bois,
découpe de métal

Douce housse

Pour protéger et transporter les chemises, une housse s'invente dans un tissu beige à rayures rouges et blanches.

Matériel

- 2 rectangles de tissu à rayures de 50 x 100 cm
- 1 cintre en bois
- Craie à tissu
- Ciseaux
- 1 bobine de fil beige
- Machine à coudre
- 1 fermeture éclair beige de 55 cm de long
- 1 pochoir oiseau
- 1 assiette creuse
- 1 pot de peinture textile blanche
- Brosse à pochoir
- Fer à repasser

Découpe et mise en forme de la housse

Retournez les rectangles de tissu sur l'envers, posez le cintre sur le haut en faisant dépasser le crochet. Tracez à la craie le contour du cintre sur les pans de tissu. Découpez le tissu en suivant le tracé du cintre. Surfilez à la machine tous les contours du tissu. Cousez les deux faces de la housse endroit contre endroit à 1 centimètre du bord en laissant en haut un espace de 5 centimètres de large pour y passer le crochet du cintre. Faites un rentré de 1 centimètre dans la housse et cousez à la main cet ourlet pour un fini net.

Pose de la fermeture éclair

Pour coudre la fermeture éclair, découpez au centre d'un des côtés une fente de 55 centimètres. Retournez la housse sur l'envers. Marquez au fer un ourlet de 0,5 cm de chaque côté de la fente. Bâtissez à grands points la fermeture éclair sur un des côtés de la fente, puis cousez à la machine. Ouvrez la fermeture éclair. Bâtissez l'autre côté de la fermeture sur l'autre côté de la fente et cousez.

Peinture au pochoir de l'oiseau

Retournez la housse. Versez dans une assiette creuse la peinture blanche. Positionnez le pochoir à l'endroit voulu pour le motif. Tamponnez le pochoir avec la brosse jusqu'à ce que l'oiseau apparaisse clairement. Laissez sécher 1 heure. Repassez le motif au fer chaud 5 minutes de chaque côté du tissu pour fixer la peinture.

TECHNIQUES UTILISÉES :
couture,
peinture au pochoir

De terroirs en tiroirs...

D'anciennes caisses de vin trouvées à la cave reprennent du service pour se transformer en petit meuble de rangement.

Matériel

- 2 planches en sapin de 60,5 x 28,5 cm, de 2 cm d'épaisseur (côtés)
- 4 planches en sapin de 34 x 28,5 cm, de 2 cm d'épaisseur (haut, bas et étagères)
- 1 planche en contre-plaqué de 60 x 38 cm (fond)
- 40 vis à bois de 4 cm
- 4 roulettes
- 3 poignées
- 32 petites vis à bois
- Tournevis
- 3 caisses de vin de 6 bouteilles au format 26,5 x 33 x 17 cm

Vous pouvez, si vous le souhaitez, teindre votre meuble avec une lasure ou le passer au cirage incolore ou teinté.

Assemblage du meuble

Vissez les cotés du meuble aux planches du haut et du bas (la surface des côtés contre les tranches des haut et bas). Vissez le fond pour obtenir un caisson. Glissez les étagères dans le caisson et vissez-les par les côtés, en laissant un espace de 17,5 cm entre chaque planche.

Pose des roulettes et des poignées

Vissez les roulettes avec les petites vis à bois aux quatre coins de la caisse, avec quatre vis pour chaque roulette.

Vissez au centre de chaque caisse les poignées, avec quatre vis également pour chaque poignée. Glissez les caisses à vin dans le meuble.

TECHNIQUE UTILISÉE : assemblage de planches

LA FLEUR DE CERIAN
B
AOC BORDEAUX ROUGE 1998
CRD
CHATEAU LASCOMBES
1998
6 Blles
Couly-Dutheil
CLOS DE L'ECHO
CHINON

Rubans et vieilles dentelles

Pour habiller de simples flacons en verre, des housses de taffetas se couvrent de rubans de velours et de dentelles.

Matériel

- 3 flacons en verre de tailles différentes
- Environ 100 x 100 cm de tissu en satin vert absinthe, selon la taille des flacons
- Fer à repasser
- 1 bobine de fil vert absinthe
- Machine à coudre
- Colle pour tissu
- Pinceau
- 100 cm de dentelle écrue
- 100 cm de ruban de velours de 2 coloris (beige et vert)

Découpe et ourlets du satin

Découpez dans le tissu trois morceaux correspondant au tour et à la hauteur de chaque flacon en y ajoutant 1 centimètre pour les coutures. Rabattez au fer et cousez un ourlet de 0,5 cm en haut et en bas du tissu à la machine.

Pose des rubans et dentelle

Posez à plat le tissu et découpez des morceaux de ruban et de dentelle de la longueur du morceau de tissus. Collez les rubans et la dentelle ou cousez-les à la machine.

Si vous choisissez de les coller, laissez sécher sous presse pendant 1 heure.

Mise en forme des housses

Pliez le rectangle de tissu endroit contre endroit et cousez les extrémités à 0,5 cm du bord pour former un cylindre. Retournez le cache-flacon à l'endroit et enfilez-le sur le flacon.

TECHNIQUE UTILISÉE :
couture

Cuisine en famille

Un des plus grands bonheurs des week-ends
à la campagne est de prendre le temps de cuisiner !
Choisir de bons ingrédients, sélectionner une recette
dans un recueil brodé et organiser des repas
dans la cuisine pour ne pas s'éloigner de ses invités.

Tout bois, tout point

Un grand saladier et ses couverts en bois sont décorés de motifs pyrogravés imitant le point de croix.

Matériel

- 1 saladier en bois
- 1 jeu de couverts à salade en bois
- Crayon à papier
- Chute de bois
- Pyrograveur

Tracé du dessin et essais du pyrograveur

Tracez, au crayon sur le saladier et les couverts, les motifs à pyrograver (voir patron p.124). Faites chauffer le pyrograveur et essayez-le sur une chute de bois. Entraînez-vous à tracer les points de croix au pyrograveur avant de vous lancer dans la réalisation.

Gravure

Décorez le fond du saladier avec une fleur, l'extérieur avec deux cœurs et une fleur et les couverts avec un cœur.

Gravez tous les motifs dans le bois en prenant garde de ne pas vous brûler.

TECHNIQUE UTILISÉE :
pyrogravure

Tenue forestière

Cèpes, bolets et trompettes de la mort font notre régal.
Pour leur rendre hommage, des housses de bocaux brodées en lin.

Matériel

- 50 x 40 cm de lin brut
- Ciseaux
- 1 bobine de fil beige foncé
- Tambour à broder
- Coton mouliné DMC Art. 117 :

- pour les trompettes : marron n° 433, terre de sienne n° 436, vert foncé n° 3345, vert clair n° 435, n° 3347
- pour les bolets : n° 433, n° 3345, n° 3032, n° 613, n° 436, n° 3347, n° 371

- Aiguille à broder
- 2 bocaux en verre de 28 cm de haut et 14 cm de diamètre
- Machine à coudre

Coupe du tissu

Découpez deux morceaux de lin de 50 x 20 centimètres.

Broderie

Installez le tambour à broder au centre des rectangles et brodez au point de croix en suivant les diagrammes (voir patron p. 133).

Confection des housses

Faites un ourlet à la machine de 1 centimètre tout autour. Pliez les rectangles de tissu en deux sur l'endroit et assemblez les deux petits côtés au format du bocal. Enfilez la housse cylindrique ainsi obtenue sur les bocaux.

TECHNIQUE UTILISÉE :
broderie

Torchons, serviettes

Dans un esprit guinguette, des torchons et serviettes montés en patchwork donnent une nappe au charme d'antan.

Matériel

- 6 torchons à motifs rouges et bleus
- 2 serviettes à carreaux rouges et bleus
- Ciseaux
- 1 bobine de fil blanc
- Machine à coudre

Agencement des tissus

Découpez les torchons et les serviettes de manière à supprimer les ourlets. Posez toutes les pièces de tissu au sol pour trouver la façon de les assembler en un grand rectangle. Vous pouvez recouper certains torchons pour obtenir le bon format (exemple d'assemblage voir patron p. 122).

Assemblage et finition

Surfilez les bords de chaque torchon au point zigzag, puis bâtissez à grands points à la main avant de coudre ensemble à la machine les différents éléments du patchwork. Faites un ourlet tout autour de la nappe ainsi réalisée.

TECHNIQUE UTILISÉE :
patchwork

Point de croix pour le thé

Quel plaisir de se réchauffer en hiver avec un chocolat chaud ou un thé à la bergamote ! Pour cela, voilà de jolis mugs peints façon point de croix.

Matériel

- 6 mugs en porcelaine blanche
- Alcool à 90°
- Chiffon
- 1 feutre à porcelaine vert
- 1 feutre à porcelaine rose
- 1 feutre à porcelaine orange
- Four ménager

Une fois cuits, les mugs peuvent être lavés à la main ou au lave-vaisselle.

Préparation des mugs
Lavez les mugs et, à l'aide d'un chiffon, dégraissez-les à l'alcool à 90°.

Dessin au feutre
Dessinez sur le haut des mugs des motifs rectangulaires, formés d'un ensemble de petits traits croisés en diagonale, imitant le point de croix.

Décorez ainsi deux mugs en vert, deux mugs en oranges et deux autres en rose. Vous pouvez aussi décorer les mugs avec des motifs d'animaux ou de fleurs.

Séchage et cuisson
Laissez sécher une journée, puis faites cuire au four ménager, à 150 °C (th. 5) pendant 30 minutes.

TECHNIQUE UTILISÉE :
peinture sur porcelaine

Secrets de cuisine

L'argenterie familiale délicatement brodée dans un camaïeux de gris est immortalisée sur un cahier de recette.

Matériel
- 50 x 32 cm de toile de lin blanche
- Aiguille à broder
- 2 échevettes de coton mouliné DMC Art.

de chaque coloris :
- gris foncé n°414
- gris clair n°415
- gris-blanc n°762
- Tambour à broder
- 1 cahier de format 21 x 29,7 cm
- Machine à coudre
- 1 bobine de fil blanc
- 1 bobine de fil rouge pour bâtir

Point utilisé
- point de croix

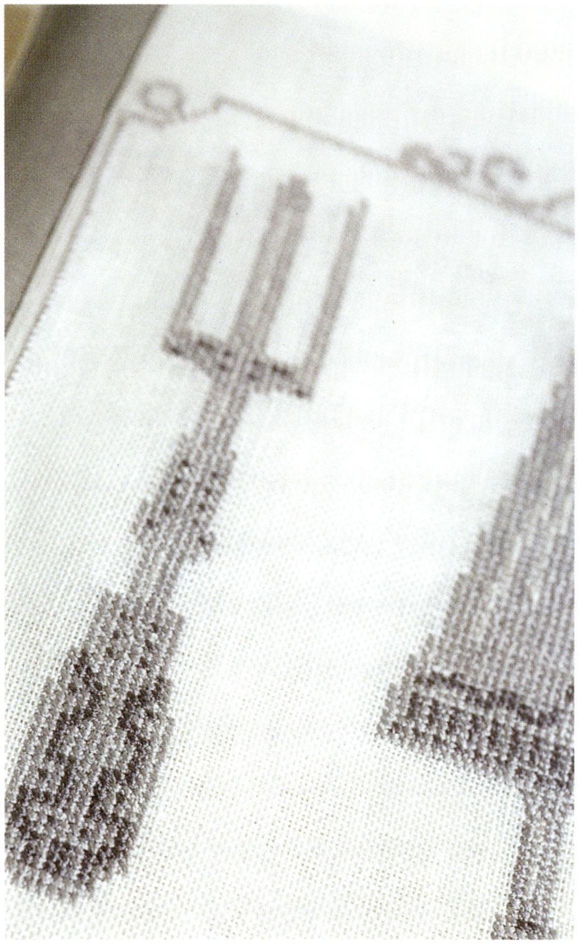

Mise en place des repères

Installez le tambour à broder en glissant le tissu à l'intérieur des deux parties du tambour. Faites un point de bâti sur la toile pour repérer l'endroit où l'on doit broder. Pour cela, placez le rectangle de tissu à l'horizontale. Mesurez 5 centimètres en partant du bord droit et faites un point de bâti au fil rouge sur la hauteur, à 5 centimètres du bord. Faites également un point de bâti sur toute la longueur à 3 centimètres du bord haut du rectangle. Les extrémités haute et droite de la broderie seront brodées contre ces repères.

Broderie

Brodez au point de croix les différents motifs en vous aidant de la grille (voir patron p. 125). Une fois la broderie réalisée, faites un ourlet de 1 centimètre tout autour du rectangle de tissu et cousez deux rabats de 4 centimètres aux extrémités pour former le protège-cahier. Repassez à fer doux sur l'envers de la broderie. Glissez le cahier dans le protège-cahier en tissu.

TECHNIQUE UTILISÉE :
broderie

Roses... bonbons

Un semis de roses se pose tout en finesse sur des bocaux en verre remplis de bonbons, pour le bonheur des petits et des grands.

Matériel

- 4 serviettes en papier à motifs fleuris
- Ciseaux
- Pinceau plat
- « Plasticolle » ou colle transfert
- 2 bocaux en verre

Découpe des motifs en papier

Découpez les motifs fleuris dans les serviettes en papier le plus précisément possible.

Découpez aussi des feuillages et des boutons de roses pour varier les types de motifs.

Dédoublez-les en ne conservant qu'une fine couche de papier.

Collage sur le verre

Appliquez la « plasticolle » sur le bocal à l'endroit désiré, au format du motif à coller, puis posez le motif en papier sur le verre. Procédez de même pour les autres motifs.

Vernissage

Vernissez-les avec la « plasticolle » en dépassant sur le bocal de 1 ou 2 millimètres autour de chaque motif. Attendez 1 heure que le vernis sèche et repassez une autre couche de « plasticolle » sur chaque motif.

TECHNIQUES UTILISÉES :
découpage, collage, vernissage

Plaisir de recevoir

Une nappe brodée de papillons ou de fleurs, des assiettes ou des verres parsemés de petites touches végétales, des éponges décorées... Quel plaisir de savoir recevoir et d'offrir aux amis de passage de si douces attentions !

Fleurs d'ail en chemin

Un chemin de table assorti aux couleurs du jardin pour orner vos tables d'été.

Matériel

- Feutre transfert
- 1 feuille de papier calque format A3
- 250 x 50 cm de toile de lin blanc
- Fer à repasser
- Coton mouliné DMC Art. 117, 2 échevettes de chaque coloris :
  - vert n° 907
  - vert n° 906
  - mauve n° 553
  - mauve n° 554
  - violet n° 327
- Aiguille à broder à bout pointu
- Tambour à broder
- Ciseaux

Points de broderie utilisés

- point de tige avec 2 fils
- passé plat avec 2 fils

Reproduction des motifs

Avec le feutre transfert, reproduisez les trois fleurs à broder à l'envers sur le calque.

Positionnez les motifs, face transfert contre la toile, aux deux extrémités de la pièce de tissu et repassez au fer chaud sans vapeur pour imprimer les motifs.

Broderie

Placez le tambour et commencez la broderie en suivant les indications du patron (voir p. 127). Une fois celle-ci terminée, repassez sur l'envers.

Finition

Pour finir, faites un ourlet de 2 centimètres tout autour du chemin de table.

TECHNIQUES UTILISÉES :
transfert, broderie

Déjeuner de printemps

Leçon de pointillisme avec ces assiettes peintes au point avec des feutres pour porcelaine. Des couleurs vives pour un résultat appétissant !

Matériel

- 6 assiettes de porcelaine blanche
- Savon ou produit vaisselle
- Alcool à 90°
- Chiffons
- Feutre pour porcelaine rose, vert, violet

Nettoyage des assiettes

Commencez par nettoyer les assiettes à l'eau savonneuse, séchez-les bien et nettoyez-les à l'alcool à 90°.

Dessin des fleurs

Dessinez d'abord les tiges des fleurs à différentes hauteurs, puis peignez à main levée et par petites touches les pétales et le cœur des fleurs.

Séchage et cuisson

Laissez sécher les assiettes pendant une journée et cuisez-les au four ménager à 150 °C (th. 5) pendant 30 minutes.

TECHNIQUE UTILISÉE :
dessin sur porcelaine

Coupes légères

Réalisées avec du papier recyclé, des coupes fragiles et élégantes pour présenter des fruits ou des biscuits.

Matériel

- 3 feuilles format raisin de papier recyclé en 3 teintes différentes
- Colle à papier peint
- 2 saladiers en métal lisse
- Film étirable
- Huile
- Pinceau
- Ciseaux

Préparation du matériel

Déchirez des petits morceaux de papier recyclé d'environ 5 centimètres de côté, et quelques-uns en forme de motifs décoratifs (pétales de fleurs, pastilles rondes...). Préparez la colle à papier peint. Recouvrez l'extérieur des saladiers retournés de film étirable et appliquez-y de l'huile avec un pinceau.

Mise en forme des coupes

Trempez les morceaux de papier déchirés dans la colle et appliquez-les sur toute la surface des saladiers. Appliquez plusieurs épaisseurs de façon régulière et déposez en dernier les bouts de papier qui formeront les motifs décoratifs.

Séchage et finition

Laissez sécher pendant une nuit près d'une source de chaleur (cheminée ou radiateur). Le lendemain, démoulez les coupes en papier mâché des deux saladiers. Retirez le film étirable et laissez sécher alors l'intérieur des coupes.
Une fois que celles-ci sont complètement sèches, vous pouvez laisser les bords irréguliers ou choisir de les recouper avec une paire de ciseaux.

TECHNIQUE UTILISÉE :
papier mâché

Herbes à plat

Pour les apéritifs et les en-cas, un plateau à la fois beau et pratique qui raconte le jardin en images.

Matériel

- 1 plateau en bois naturel
- 1 pot de peinture acrylique beige
- Pinceau
- 3 serviettes en papier de différentes couleurs ou à motifs floraux
- Papier de verre très fin
- Ciseaux
- « Plasticolle »
- Pinceau à colle
- 1 pot de vernis acrylique

Peinture du plateau

Peignez le plateau d'une première couche de peinture beige. Laissez sécher pendant 1 heure, puis poncez légèrement et passez une seconde couche. Laissez sécher 2 heures.

Découpe des motifs

Découpez les motifs souhaités dans les serviettes en papier. Séparez les deux couches de papier des serviettes.

Collage des motifs

Appliquez au pinceau avec précaution la « Plasticolle » sur le plateau à l'endroit souhaité pour un motif. Appliquez le motif et recouvrez-le d'une nouvelle couche de « Plasticolle ». Répétez cette opération pour tous les motifs. Pensez à coller des motifs sur les côtés extérieurs des poignées. Laissez sécher 1 à 2 jours.

Finition

Pour une fixation parfaite qui vous permettra le nettoyage à l'eau du plateau, passez une à deux couches de vernis acrylique sur l'ensemble.

TECHNIQUES UTILISÉES :
peinture sur bois, découpage, collage

Une poule sur une nappe...

Une, deux, trois poules se suivent et se ressemblent sur une nappe à rayure.

Matériel

- 220 x 150 cm de tissu rayé
- 1 bobine de fil blanc
- Machine à coudre
- 2 pots de peinture textile : 1 rose foncé, 1 vert olive
- Petit rouleau mousse
- 1 tampon poule
- 1 tampon fleur d'ail
- 2 assiettes creuses
- Craie à tissu
- Fer à repasser

Confection de la nappe

Réalisez un ourlet de 5 centimètres tout autour du tissu pour confectionner la nappe.

Application des motifs

Versez dans deux assiettes creuses la peinture rose et la peinture verte. Encrez les tampons avec le rouleau mousse trempé dans la peinture.

Appliquez le motif poule tous les 15 centimètres à 7 centimètres du bas sur les deux côtés les plus longs de la nappe. Laissez sécher 1 heure, puis appliquez entre chaque motif poule un motif fleur en encrant le tampon à la peinture verte. Appliquez au centre de la nappe deux fleurs face à face. Tracez autour d'elles, à la craie, un ovale de 40 centimètres de long sur 25 centimètres de large.

Tamponnez des fleurs tous les 5 centimètres en suivant le tracé et en positionnant les têtes des fleurs vers le centre de la nappe.

Laissez sécher 1 heure.

Fixation de la couleur

Repassez tous les motifs au fer chaud sur l'envers et l'endroit pendant 5 minutes pour fixer la couleur.

TECHNIQUE UTILISÉE :
peinture au tampon

Bonjour, bonjour les papillons

De petits papillons brodés sur les serviettes de bains se chargent de souhaiter la bienvenue aux invités.

Matériel

- 2 serviettes écrue 100 x 50 cm
- 1 feuille de papier calque format A4
- Feutre transfert
- Fer à repasser
- 1 échevette de coton mouliné spécial Art. 117

dans les coloris suivants :

- noir n° 310
- brun n° 161
- bleu n° 3840
- marron n° 159
- bleu foncé n° 3863
- bleu n° 3860

- Aiguille à broder
- Tambour à broder

Points de broderie utilisés

- point de tige avec 2 fils
- passé plat avec 2 fils
- passé empiétant avec 2 fils
- point de nœud avec 2 fils

Report des motifs

Reportez le motif à broder sur le papier calque (voir patron p. 128), puis appliquez-le sur la serviette (face transfert contre la serviette).
Repassez à fer chaud sans vapeur pour imprimer les motifs.

Broderie

Placez le tambour et commencez la broderie en suivant les indications du patron. Brodez d'abord le corps du papillon, puis, dans l'ordre, les yeux, les antennes, les ailes et enfin les nervures des ailes. La broderie terminée, repassez-la sur l'envers, sans l'écrasez.

TECHNIQUE UTILISÉE :
broderie

Vol d'éphémères

Libellules et papillons, attirés par la légèreté du voile de lin, viennent peupler une table d'été.

Matériel

- 220 x 120 cm de voile de lin mauve
- 1 ou 2 feuilles de papier calque format A4
- Feutre transfert
- Fer à repasser
- Coton mouliné DMC Art. 117,

1 échevette de chaque coloris :

- rose n° 554
- violet n° 208
- noir n° 310
- blanc

- Aiguille à broder à bout pointu
- Tambour à broder
- Ciseaux
- 1 bobine de fil mauve
- Machine à coudre

Points de broderie utilisés

- point de tige avec 2 fils
- passé plat avec 2 fils
- passé empiétant avec 2 fils
- point de nœud en 2 fils

Reproduction des motifs

Reproduisez les insectes à broder à l'envers sur le calque avec le feutre transfert (voir patron p. 129). Placez les différents motifs (face transfert contre la toile) sur le tissu de façon aléatoire en les espaçant d'au moins XX cm. et repassez au fer chaud sans vapeur pour imprimer les motifs.

Broderie

Placez le tambour. Commencez par broder les grandes formes des ailes au passé empiétant ou au passé plat. Brodez ensuite les nervures au point de tige et les antennes au point de tige terminé par un point de nœud.

Finition

La broderie terminée, repassez sur l'envers et faites un ourlet de 2 centimètres tout autour de la nappe.

TECHNIQUE UTILISÉE :
broderie

Fleurs d'orangeade

Éclosion de fleurs sur un service de verres à orangeade dans des couleurs douces et fraîches à la fois... Alors, grenadine ou orgeat ?

Matériel

- 6 verres à orangeade
- Savon ou produit vaisselle
- Alcool à 90°
- 4 feutres spéciaux pour peinture sur verre : 1 rose, 1 vert, 1 noir, 1 orange

Nettoyage des verres

Commencez par nettoyer les verres à l'eau savonneuse, séchez-les et nettoyez-les à l'alcool à 90°.

Dessin des fleurs

Dessinez d'abord les tiges à différentes hauteurs, puis dessinez les pétales des fleurs en soulignant le cœur par des petits points noirs (voir patron p. 130).

Séchage et cuisson

Laissez sécher à l'air pendant une journée et passez les verres au four ménager à 150 °C pendant 30 minutes.

TECHNIQUE UTILISÉE :
dessin sur verre

Jardin à vivre

Quand les beaux jours reviennent, l'envie vous prend d'être toujours dehors, aussi bien pour une séance de jardinage que pour prendre vos repas ou vous reposer à l'ombre. Voici des objets utiles et élégants pour satisfaire vos envies.

Caisse à malice

Munie de poignées en cuir et décorée de motifs champêtres,
cette caisse à outils de jardin sera des plus élégantes…

Matériel

- 2 planches de sapin de 30 x 20 cm et de 1,8 cm d'épaisseur (grands côtés)
- 2 planches de sapin de 15 x 15 cm et de 1,8 cm d'épaisseur (petits côtés)
- Papier de verre
- 1 planche de sapin de 17 x 15 cm et de 1,8 cm d'épaisseur (planche de séparation)
- 1 planche de sapin de 27 x 15 cm et 1,8 cm d'épaisseur (planche du fond)
- 20 pointes tête-d'homme
- Marteau
- 1 pot de peinture acrylique bleu ciel
- 1 pot de peinture acrylique blanche
- Pinceau
- Rouleau mousse
- 1 tampon fleur
- 2 anses en cuir
- 4 anneaux doubles en métal
- Pince
- Scie sauteuse
- Perceuse avec une grosse mèche à bois

Préparation des planches
Découpez le haut des quatre planches qui formeront les côtés (voir patron p. 131) pour leur donner la forme voulue. Poncez les parties découpées au papier de verre. Percez quatre trous en haut des grands côtés pour y passer plus tard les anneaux.

Assemblage
Assemblez et fixez les quatre côtés bord à bord (petits côtés entre grands côtés) avec les pointes tête-d'homme. Assemblez ensuite le fond en glissant la planche prévue entre les quatre côtés. Fixez la planche de séparation.

Peinture et décoration
Passez sur l'ensemble deux couches de peinture bleue en laissant sécher environ 1 heure entre chaque couche.
Encrez le tampon de peinture blanche à l'aide du rouleau mousse et tamponnez le motif de façon aléatoire sur l'extérieur de la caisse. Laissez encore sécher 1 heure.

Pose des anses
A l'aide de la pince, passez les anneaux dans les quatre trous, puis glissez de chaque côté les anses en cuir.

TECHNIQUES UTILISÉES :
découpe de bois,
peinture sur bois
et au tampon

Tourbillon de feuilles

Les feuilles de chêne, d'érable ou de peuplier papillonnent et tourbillonnent sur ces tabourets de jardin.

Matériel
- 2 tabourets pliants en tissu
- 14 écussons feuilles thermocollants
- Craie à tissu
- Échevette de coton blanc à tapisser
- Grosse aiguille à broder
- Fer à repasser

Point utilisé
- point avant

Vous pouvez utiliser cette technique mélangeant l'application d'écusson et des broderies simples pour décorer toutes sortes de supports : abat-jour, transat, housse de chaise, nappe, coussin...

Mise en place des écussons
Répartissez les feuilles dans des sens différents sur la toile du tabouret. Fixez-les au fer chaud en plaçant entre l'écusson et le fer une pièce fine de tissu.

Broderie des parcours de feuilles
Tracez à la craie des courbes entre les feuilles pour occuper harmonieusement l'espace. Brodez au point avant des pointillés en suivant le marquage réalisé à la craie.

TECHNIQUES UTILISÉES :
transfert, broderie

Le lierre et l'escargot

Amusant à réaliser et à entretenir, ce topiaire enseigne la patience de voir grandir la plante sur son support, à la vitesse de l'escargot qui tout doucement avance dans le jardin.

Matériel

- 50 x 40 cm de grillage à poule
- Pince coupante
- 1 pot en terre, en corde ou en rotin, d'un volume de 5 litres
- Lierre
- 5 l de terreau
- 800 cm de fil de fer épais

Confection de la tête et de la queue de l'escargot
Découpez un morceau de grillage de 30 centimètres sur 25, enroulez-le sur lui-même pour réaliser un cylindre d'environ 12 centimètres de diamètre et de 30 centimètres de long. Repliez une des extrémités en pointe pour former la queue de l'escargot. Coupez un autre morceau de grillage de 40 centimètres sur 25, enroulez-le sur lui-même pour former un autre cylindre d'environ 12 centimètres. Arrondissez à la pince une des extrémités pour former la tête (voir patron p. 131).

Mise en pot du lierre
Remplissez le pot de terre au trois quarts. Placez le lierre et garnissez tout autour avec de la terre.

Fixation du corps de l'escargot dans la terre
Formez deux grands U en fil de fer de 15 centimètres de long. Placez la tête et la queue de l'escargot dans le pot et fixez-les avec les grands cavaliers en fil de fer.

Confection des cornes et de la coquille
Découpez deux fois 60 centimètres de fil de fer pour faire les cornes de l'escargot. Recourbez les deux extrémités avec la pince et plantez-les à travers le cylindre de la tête. Découpez quatre autres morceaux de fil de fer de 120 centimètres, courbez-les et plantez-les dans la terre en les croisant pour former la coquille. Découpez un autre morceau de 150 centimètres et enroulez-le pour imiter la forme en colimaçon de la coquille et placez-la devant la sphère de fil de fer.

Guidage du lierre
Enroulez le lierre sur la structure ainsi créée.
Au fur et à mesure de son développement, le lierre doit être guidé et enroulé sur la structure.

TECHNIQUES UTILISÉES :
façonnage de fil de fer, plantation de lierre

Les travaux et les jours

Pour faire ses boutures sans se faire mal au dos, pour semer dans des pots avant de repiquer et pour tous les petits bricolages destinés au jardin, un meuble aux allures princières parce que jardiner est un art !

Matériel

- 1 établi de bois blanc 150 x 100 cm
- 1 planche de sapin de 150 x 100 cm
- Papier de verre
- 6 petits pots en métal galvanisé
- 10 vis à bois
- Tournevis
- 1 pot de peinture acrylique verte
- Pinceau
- 1 petite plaque de métal à découper
- Cisaille à métaux
- 2 pointes tête-d'homme
- 200 cm de ficelle de lin
- Ciseaux
- Scie sauteuse
- Perceuse

Vous pouvez ajouter d'autres petits rangements fixes ou amovibles selon vos besoins.

Découpe de la planche
Reportez la forme de découpe sur la planche et découpez à la scie sauteuse. Poncez les bords. Découpez aussi dans les chutes de la planche un petit médaillon ovale que vous fixerez ensuite sur le haut de la planche (voir patron p. 132).

Préparation de la fixation des pots
Placez les six petits pots sur la planche, marquez des repères de part et d'autre de chaque pot et percez les trous dans lesquels passera la ficelle qui servira à maintenir les seaux.

Fixation de la planche
Fixez la planche sur l'arrière de l'établi avec des vis à bois, une tous les 20 centimètres.

Peinture du meuble
Appliquez sur l'ensemble du meuble ainsi construit deux couches de peinture verte, en laissant sécher 2 heures entre chaque couche. Peignez aussi le médaillon de bois.

Confection et installation de l'arrosoir
Découpez dans le métal la forme de l'arrosoir (voir patron p. 132) Clouez l'arrosoir sur le médaillon avec deux pointes tête-d'homme et fixez-le par l'arrière du meuble avec des vis à bois.

Fixation des seaux
Attachez avec la ficelle les petits pots sur le meuble en nouant aussi par l'arrière.

TECHNIQUES UTILISÉES :
découpage et assemblage de planches, peinture sur bois

Feuille, marteau, ciseaux

De petits seaux en acier galvanisé fixés sur une planche d'allure ancienne et voilà un magnifique vide-poche de jardin !

Matériel

- 1 planche de 150 x 25 cm
- 4 seaux en acier galvanisé de 15 cm de haut
- 1 pot de peinture à métal marron
- Pinceau fin
- 600 cm de ficelle
- Ciseaux
- 2 attaches métalliques
- 2 vis
- Tournevis
- Perceuse

Préparation de la fixation des pots

Placez les quatre seaux sur la planche à intervalles réguliers. De chaque côté, percez un trou pour passer la ficelle qui maintiendra les seaux.

Peinture des seaux

Peignez sur les seaux en métal les silhouettes des objets à ranger : sécateurs, marteaux...(voir patron p. 133). Laissez bien sécher.

Fixation des seaux

Fixez les seaux par le haut et le bas en passant dans les trous de la ficelle épaisse que vous croiserez derrière la planche.

Fixation des attaches

Fixez derrière la planche de part et d'autre les attaches métalliques avec des vis. Vous pouvez maintenant suspendre le vide-poche.

TECHNIQUE UTILISÉE :
peinture sur métal

Soir d'été

Graphismes et formes rondes pour ces photophores à suspendre dans le jardin en attendant que la nuit tombe et que les étoiles brillent...

Matériel

- 2 feuilles de papier blanc assez fines
- Crayon à papier
- Photophores en verre à suspendre
- Ruban adhésif
- Graveur sur verre

Préparation des motifs

Décalquez les formes à graver (voir patron p. 133) et collez-les à l'intérieur des photophores à l'aide de ruban adhésif.

Inscription des motifs au graveur

Placez-vous vers une source directe de lumière et gravez les motifs les uns après les autres avec une molette fine. (Vous pouvez vous entraîner en gravant une bouteille ou un objet de verre sans valeur.)

Nettoyage final

Nettoyez les photophores à l'eau claire et séchez-les.

TECHNIQUE UTILISÉE :
gravure sur verre

Fleur au repos

A l'ombre des glycines, installé dans un transat décoré d'une grande fleur peinte, il fait bon lire, dormir ou rêver.

Matériel

- 150 cm de toile à transat orange
- Crayon à papier
- 6 pots de peinture textile (blanc, orange, jaune, vert clair, vert moyen, marron)
- 1 pinceau plat
- 1 pinceau fin pour les détails
- 1 transat en bois naturel
- Agrafeuse
- Fer à repasser

Vous pouvez peindre selon votre envie la structure du transat avec une peinture à bois spéciale extérieur.

Préparation du dessin
Dessinez le motif au crayon à papier sur la toile à transat.

Peinture de la fleur
Peignez la fleur sur la toile en commençant par le haut de celle-ci. Peignez d'abord les pétales en les ombrant d'un côté avec deux couches de peinture blanche. Peignez ensuite le cœur en jaune et parsemez-le de petites touches de peinture marron pour lui donner du relief.

Peignez ensuite la tige avec la peinture vert clair et vert moyen. Finissez par les boutons de fleurs. Laissez sécher une demi-journée.

Fixation de la couleur
Repassez la toile 5 minutes de chaque côté pour fixer la couleur.

Installation de la toile
Tendez ensuite la toile sur le transat avec des agrafes.

TECHNIQUE UTILISÉE :
peinture sur tissu

Moments de détente

Farniente, siestes et grasses matinées... l'hiver à la campagne est doux et reposant. Au creux d'une couette douillette ou blotti dans la chaleur d'un plaid, on se prendrait à rêver d'éternité.

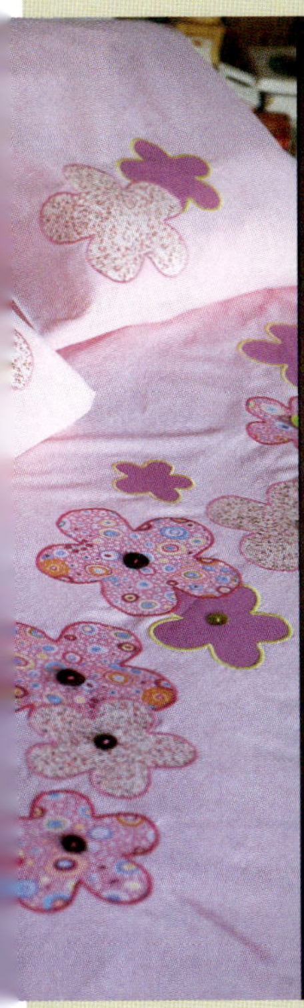

Envers, endroit

D'un côté en toile de Jouy et de l'autre en taffetas changeant, cette courtepointe est à réaliser dans toutes les couleurs pour s'adapter élégamment à vos intérieurs.

Matériel

- 300 x 150 cm de molleton
- Ciseaux
- 150 x 150 cm de taffetas changeant prune
- 150 x 150 cm de toile de Jouy assortie
- Aiguille à coudre
- 1 bobine de fil prune
- 1 bobine de fil écru
- 50 bouffettes écrues
- Machine à coudre

Découpe des tissus
Découpez dans le molleton deux longueurs de 150 centimètres.

Assemblage et couture des tissus
Placez la toile de Jouy et le taffetas endroit contre endroit et positionnez le molleton dessus. A la machine, cousez trois côtés et demi à 1 centimètre du bord avec du fil prune. Retournez l'ensemble sur l'endroit et finissez la couture à la main.

Finition molletonnée
Cousez tous les 20 centimètres une bouffette avec le fil écru sur les deux côtés afin de créer un effet molletonné.

TECHNIQUE UTILISÉE :
couture

A fleurs ou à rayures ?

De confortables poufs osent le contraste entre fleurs et rayures grâce à un harmonieux assortiment de couleurs.

Matériel

- 200 x 100 cm de coton à rayures
- 200 x 100 cm de coton à fleurs
- Ciseaux
- 760 cm de passepoil écru
- Épingles
- 1 bobine de fil blanc
- Bourre synthétique
- Aiguille à coudre
- Machine à coudre

Découpe des tissus

Découpez, dans le tissu à rayures, deux ronds de 60 centimètres de diamètre et un rectangle de 40 x 200 centimètres. Faites de même pour le tissu à fleurs. Coupez le morceau de passepoil en quatre morceaux égaux.

Assemblage et couture des tissus

Épinglez et bâtissez les quatre morceaux de passepoil sur les deux grandes longueurs de chaque rectangle (le bord extérieur du passepoil superposé au bord extérieur du tissu). Bâtissez ensuite lentement deux ronds sur les longueurs de chaque rectangle endroit contre endroit en dépareillant les tissus. Cousez ensuite les deux extrémités du rectangle ensemble en laissant une ouverture de 30 centimètres.

Rembourrage du pouf

Retournez le pouf sur l'endroit grâce à l'ouverture et remplissez-le généreusement de bourre synthétique. Refermez le côté ouvert du pouf à la main.

TECHNIQUES UTILISÉES :
couture, rembourrage

Lever princesse

La petite banquette de lit, *footstool* anglais, allie la délicatesse des perles et du satin roses à la douceur du velours.

Matériel

- 150 x 70 cm de velours rose
- 150 x 70 cm de satin rose
- 150 x 70 cm de molleton
- 1 bobine de fil rose
- Ciseaux
- 800 cm de ruban rose en satin, de 1 cm de large
- Aiguille à coudre
- 12 perles roses
- 1 banquette sur pieds de 110 x 36 cm, recouverte de toile brute
- Machine à coudre

Assemblage des tissus
Positionnez sur l'envers du velours le molleton et le satin, cousez les quatre côtés à 0,5 cm du bord.

Pose des rubans et des perles
Coupez le ruban en morceaux de 70 centimètres de long, posez-les en diagonale sur le velours, tous les 25 centimètres en les croisant. Cousez-les à la machine. Et cousez à la main à chaque intersection des rubans une perle rose.

Confection de l'ensemble en housse
Retournez l'ensemble sur le côté satin, et pliez les angles en triangles bord à bord.
Cousez chaque angle à angle droit à 12 centimètres de la pointe pour former les côtés.
Essayez la housse sur la banquette et coupez l'excédent de tissu (voir patron p. 128).
Finissez en réalisant un ourlet à 1 centimètre du bord tout autour de la housse.

TECHNIQUE UTILISÉE :
couture

Drôles de fleurs

Des fleurs de tissu semées à tous vents sur une parure de lit, et les nuits sont plus gaies !

Matériel

- 50 x 50 cm de tissu liberty à dominante rose
- 50 x 50 cm de tissu violet
- 50 x 50 cm de tissu à motifs à dominante rose
- Ciseaux
- 1 housse de couette rose en coton pour un lit deux places, assortie de 2 taies
- 2 bobines de fil vert clair
- 2 bobines de fil rose clair
- 2 bobines de fil rose foncé
- Aiguille à coudre
- 3 gros boutons de nacre violets
- 4 petits boutons de nacre violets
- 3 gros boutons de nacre beiges
- 2 gros boutons de nacre verts
- 2 petits boutons de nacre verts
- Machine à coudre

Découpe des fleurs dans les trois tissus

Pour la housse :

En suivant le patron de la page 134, découpez d'abord les grandes fleurs de 20 centimètres chacune : deux dans le tissu liberty, une dans le tissu violet et trois dans le tissu à motifs. Découpez ensuite les fleurs de taille moyenne de 12 centimètres chacune : trois fleurs liberty, une fleur violette et trois fleurs à motifs. Enfin, découpez les petites de 8 centimètres chacune : trois fleurs violettes et une liberty.

Pour les taies d'oreillers :

Découpez deux fleurs de chaque taille dans les différents tissus qu'il reste.

Couture des fleurs et des boutons

Positionnez les fleurs sur la housse et les taies en respectant le placement donné dans le patron de la page 134. Cousez-les à la machine au point de bourdon en utilisant le fil rose foncé pour le tissu à motif, le fil rose clair pour le tissu liberty et le fil vert pour le tissu violet. Cousez les boutons de nacre au centre des fleurs en alternant les couleurs et les formats.

TECHNIQUE UTILISÉE :
couture

La vie en rose

Des rayures en camaïeu sur un voilage de coton créent un jeu de lumière entre opacité et transparence pour animer et réchauffer votre intérieur.

Matériel

- 270 x 40 cm de tissu rose clair
- 270 x 20 cm de tissu rose foncé
- 270 x 20 cm de tissu bordeaux
- Ciseaux
- 2 rideaux en voile de coton transparent de 265 x 90 cm
- Épingles
- 1 bobine de fil rose clair
- 1 bobine de fil rose foncé
- 1 bobine de fil bordeaux
- Fer à repasser
- Machine à coudre

Découpe et préparation des bandes

Découpez des bandes de 270 centimètres de haut sur 10 centimètres de large : quatre dans le tissu rose clair, deux dans le tissu rose foncé et deux dans le tissu bordeaux. Repassez les bandes en faisant un rentré de tissu de 1 centimètre sur chaque côté.

Pose des bandes

Épinglez et bâtissez les rayures tous les 10 centimètres sur les rideaux, en alternant les couleurs. Cousez à la machine toutes les bandes sur les rideaux. Repassez à fer doux.

TECHNIQUE UTILISÉE : couture

Dentelle de feutre

Un coussin joue entre rose et blanc pour décliner des formes ajourées à la façon des dentelles de papier.

Matériel

- 63 x 35 cm de feutrine écrue
- 32 x 32 cm de feutrine rose
- Ciseaux
- 1 feuille de papier format A3
- Crayon à papier
- Épingles
- Craie à tissu
- Cutter
- Colle pour tissus
- Pinceau
- 1 bobine de fil rose
- Bourre synthétique
- Machine à coudre

Découpe des feutrines

Découpez un carré de 35 centimètres de côté dans la feutrine écrue et un autre de 28 centimètres de côté dans le même tissu.

Dessin et découpe des motifs

Reportez sur le calque le modèle de découpage (voir patron p. 135) et positionnez-le à l'aide d'épingles sur le carré en feutrine de 28 centimètres.
Dessinez les contours de coupe à la craie.
Évidez les formes au cutter.

Assemblage des feutrines

Centrez le carré ajouré sur le carré rose et collez-le avec de la colle à tissu que vous appliquez à l'aide d'un pinceau. Laissez sécher 2 heures sous des livres. Positionnez le carré rose et beige sur le grand carré beige, et cousez à la machine trois côtés et demi à 0,5 cm du bord.

Rembourrage du coussin

Remplissez le coussin ainsi confectionné de bourre synthétique, puis refermez-le en finissant la couture du côté à la machine.

TECHNIQUES UTILISÉES :
dessin, découpage, couture, rembourrage

Pluie d'étoiles

Pour passer la nuit dehors à regarder les étoiles filantes, quoi de mieux qu'un plaid bien chaud en laine bouillie brodé d'étoiles ?

Matériel

- 150 x 150 cm de laine bouillie écrue
- Ciseaux
- 100 x 50 cm de feutre beige
- 1 bobine de fil beige
- Aiguille à coudre
- 3 échevettes de coton mouliné spécial Art. 117 DMC :
  - bleu ciel n° 775
  - gris n° 927
  - bleu foncé n° 322
- Aiguille à broder
- 5 perles en cristal transparent

Découpe des tissus
Découpez dans la couverture de laine bouillie quatre petites et quatre grandes étoiles (voir patron p. 135). Découpez ensuite dans le feutre des ronds au format des étoiles en ajoutant 1 centimètre pour la couture.

Positionnement des étoiles
Positionnez-les sous les étoiles, à l'envers du tissu. Cousez-les à petits points avec le fil beige.

Broderie des étoiles
Retournez le plaid et brodez le contour des petites étoiles en biais avec le fil bleu ciel et les contours des grandes étoiles en pointillés à 0,2 cm du bord avec le fil gris. Brodez ensuite avec le fil bleu foncé des étoiles fines réparties sur le plaid et cousez au centre de celles-ci une perle de cristal transparent.

TECHNIQUES UTILISÉES :
couture, broderie

Modèles et patrons

Motif à ajourer pour abat-jour

milieu du motif

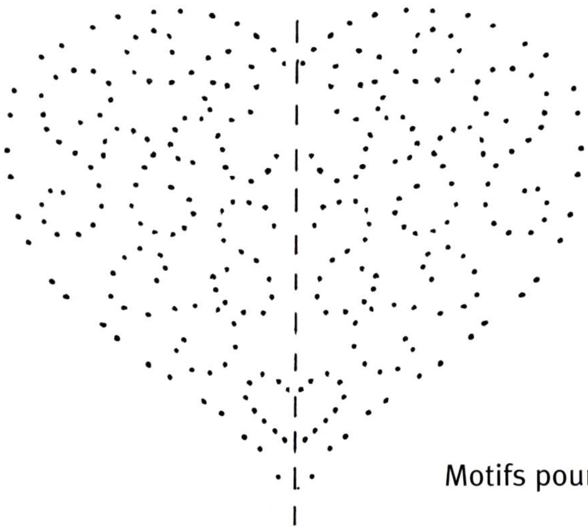

motif à agrandir à 200 %
ou à adapter à la taille de votre abat-jour

Motifs pour cadre en feutre

Modèle des fleurs pour boîtes de conserve

Motifs pour stores avec croquet

à reproduire par symétrie et à agrandir à 75 %

Découpe de la frise de l'étagère

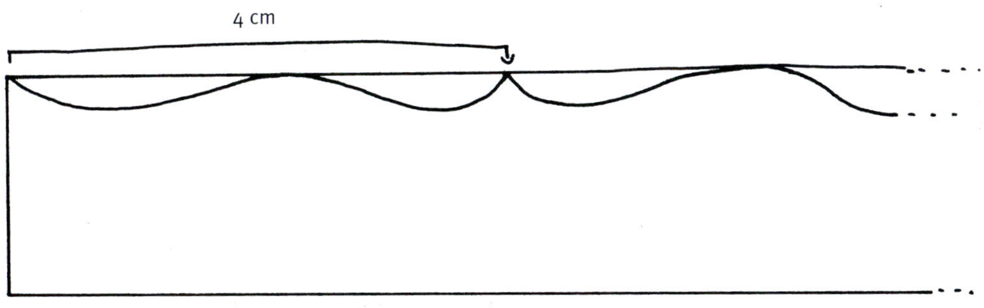

Exemple de patchwork de torchons

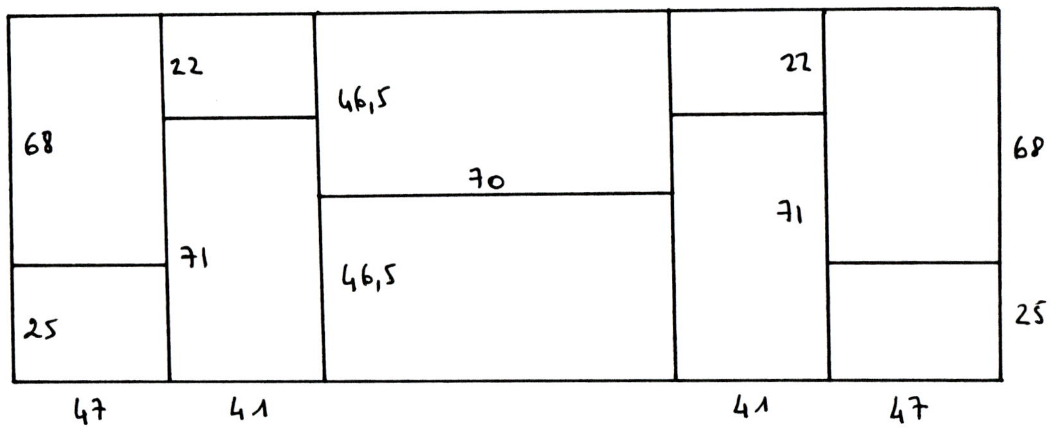

Portière vide-poche

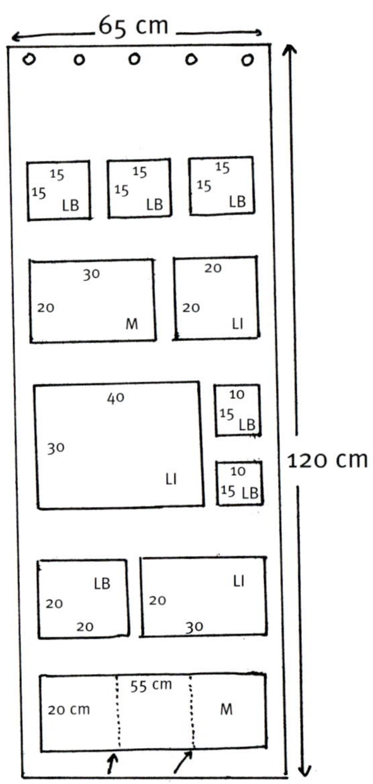

LB : lin brut

M : métis

LI : lin imprimé ou brodé

2 piqûres de renfort à 20 cm des bords

Forme de découpe du tableau à clés

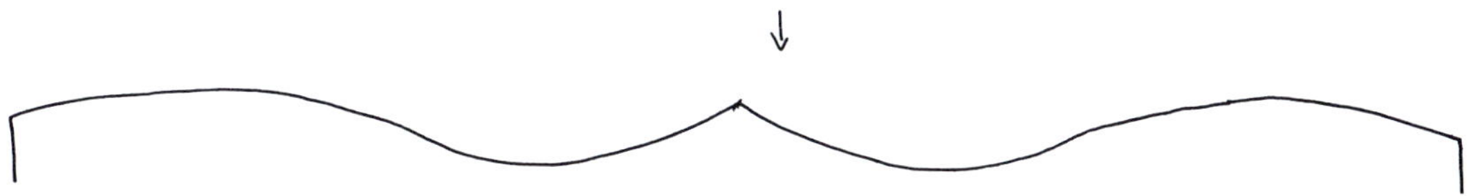

Motifs pour tableau à clés

Saladier pyrogravé

manches des couverts

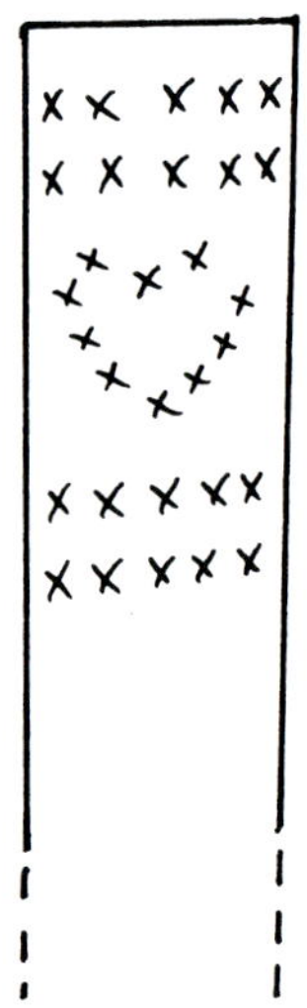

fond du saladier

milieu du motif

motif extérieur du saladier

Recueil de recettes

- ■ DMC : 414
- — DMC : 762
- ⌐ DMC : 415

Points de broderie

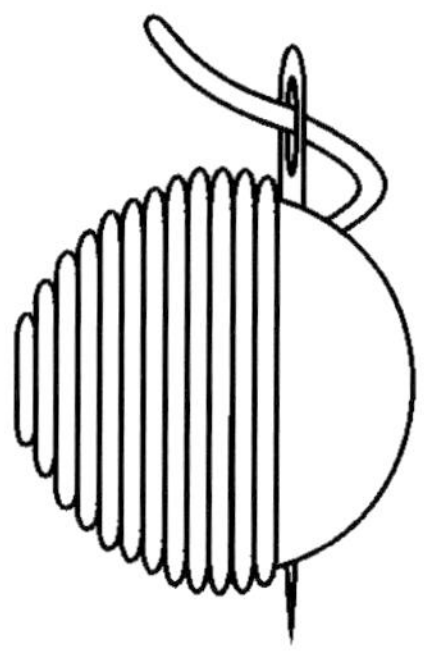

Passé plat

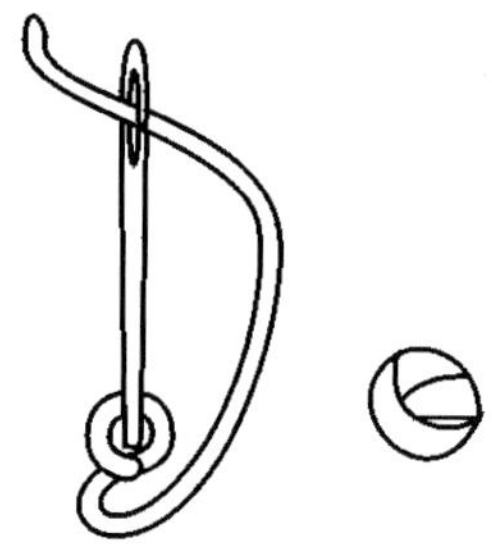

Point de noeud

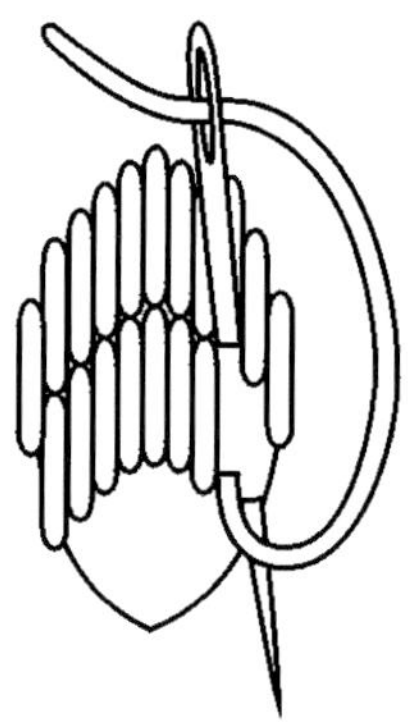

Passé empiétant

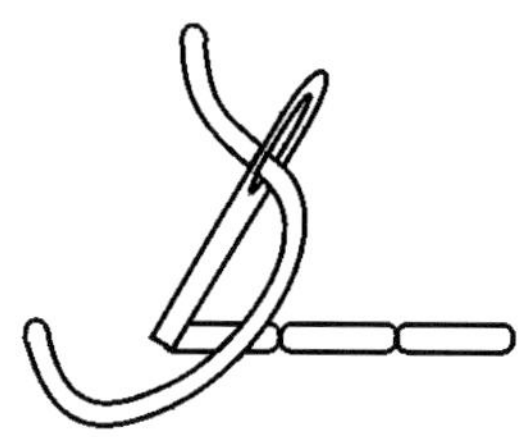

Point piqûre

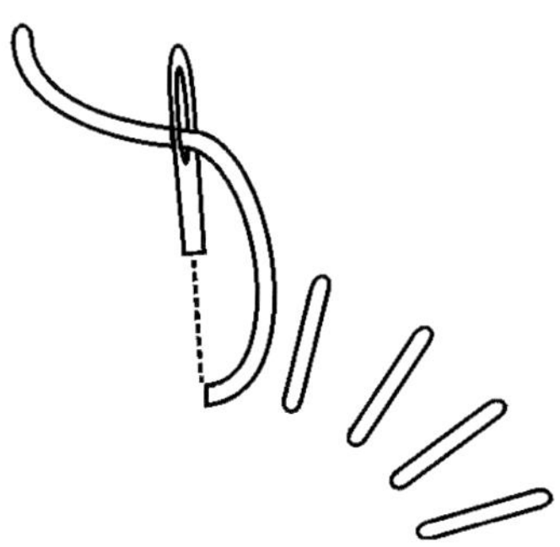

Point lancé

Point de tige

Fleurs d'ail du chemin de table

motif à agrandir à 50 %

Motif serviette brodée

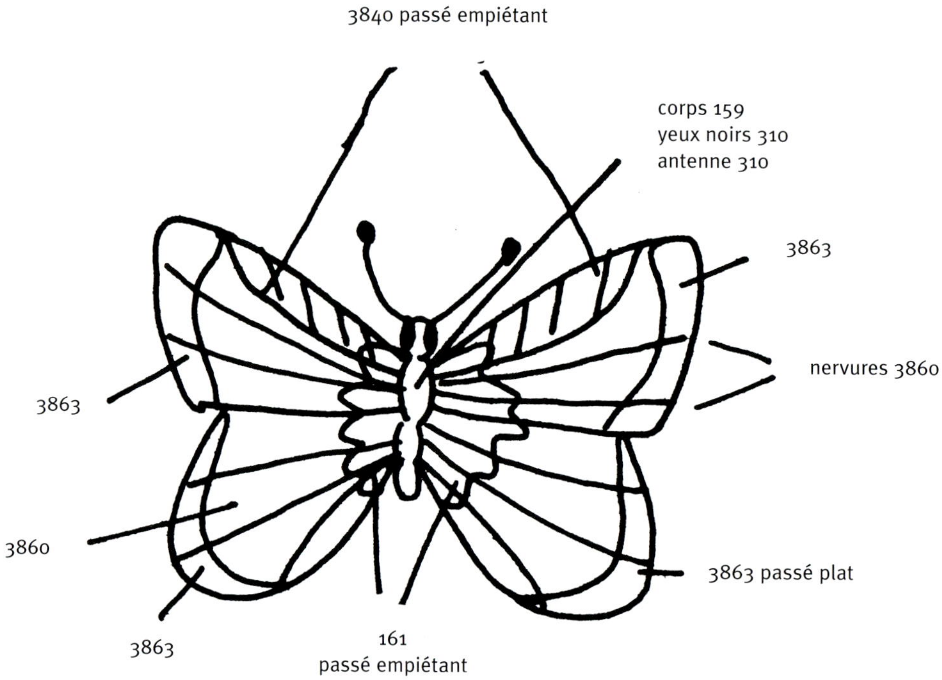

Housse du footstool

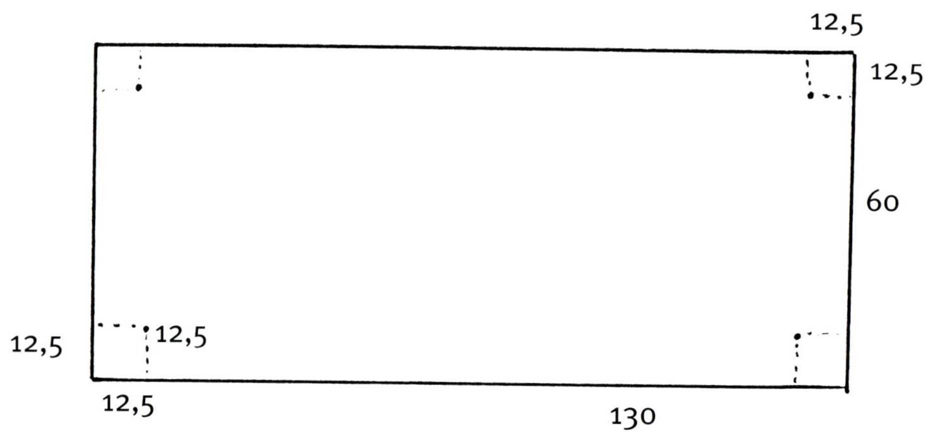

Nappe papillons et éphémères

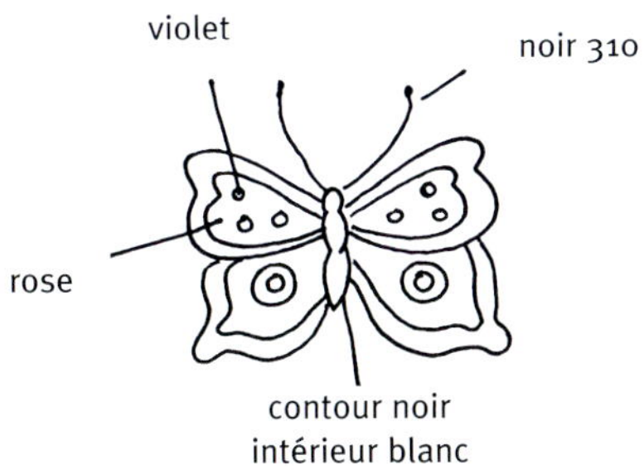

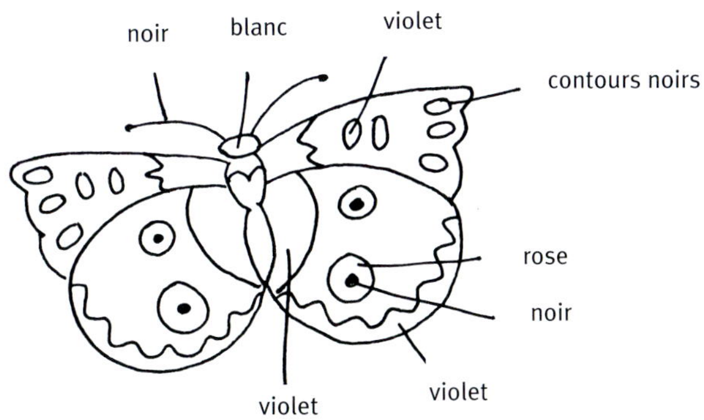

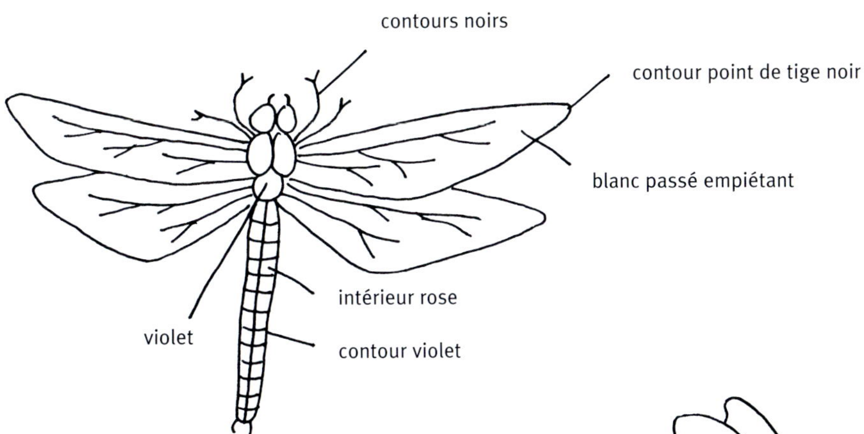

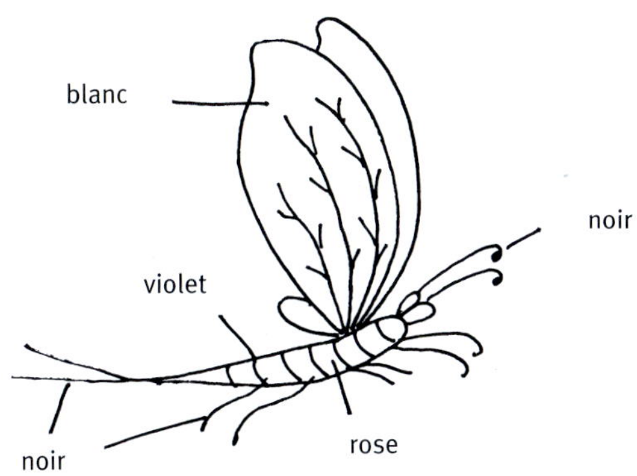

Motifs pour verres peints

Forme de découpe du panier à outils

Topiaire escargot

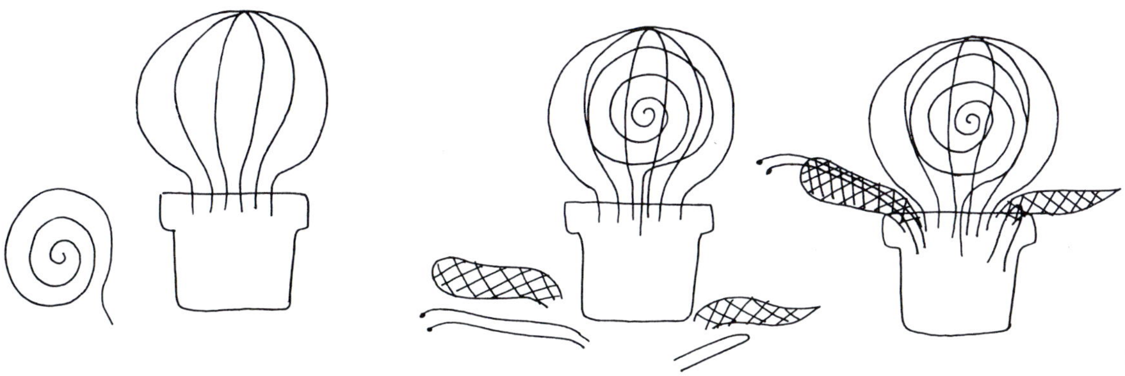

Découpe de planche pour meuble de jardinage

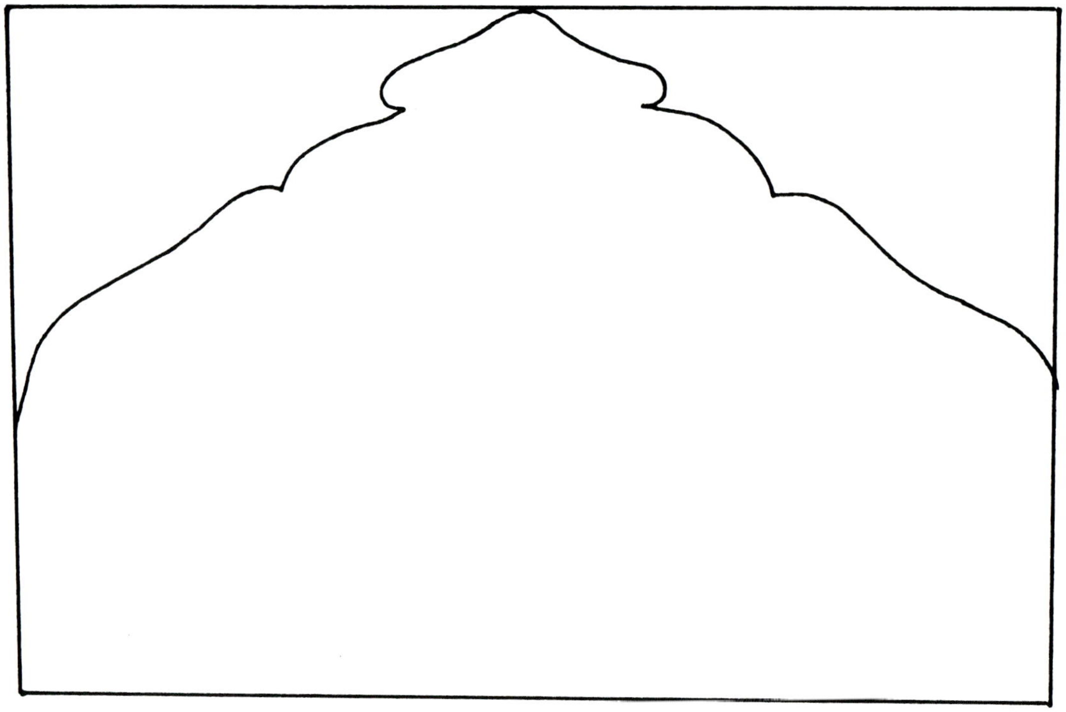

Motif arrosoir en métal
pour meuble de jardinage

Motifs à graver sur photophores

Motifs pour vide-poche

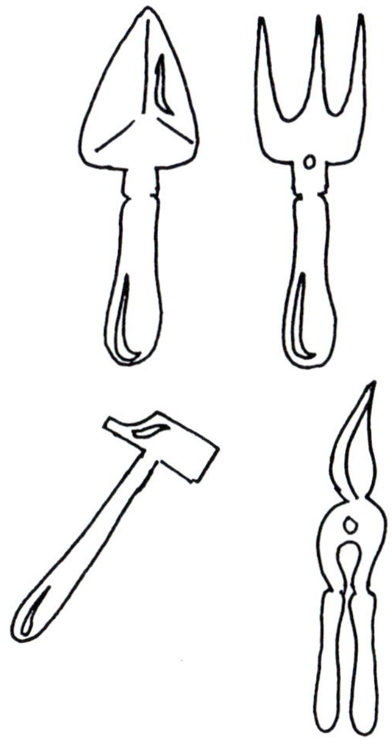

Bocaux champignons

- DMC : 433
- DMC : 3345
- DMC : 3032
- DMC : 613
- DMC : 436
- DMC : 3347
- DMC : 371

- DMC : 433
- DMC : 436
- DMC : 3345
- DMC : 436
- DMC : 435
- DMC : 3347

Housse de couette

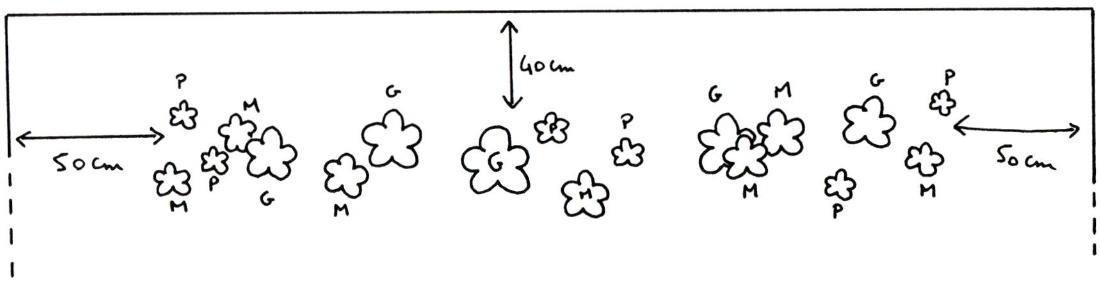

Taie

Petite fleur

Agrandir selon la taille voulue.

Plaid étoilé

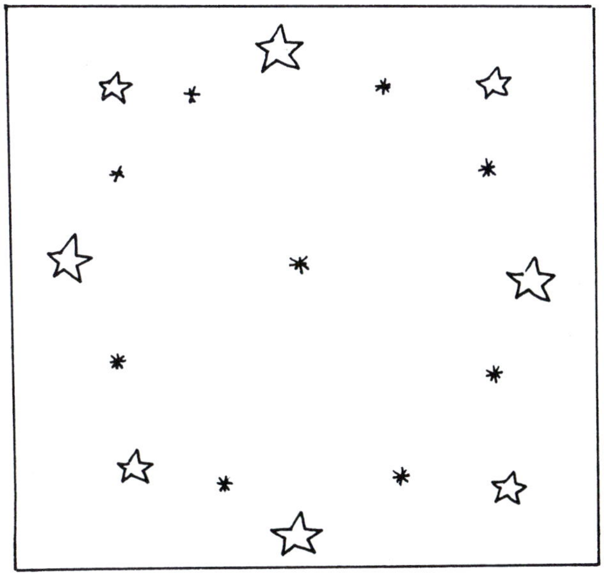

Coussin en feutre

Plier un carré de papier de 30 cm de côté en quatre puis en deux.
Placer le patron, découper et redéplier.

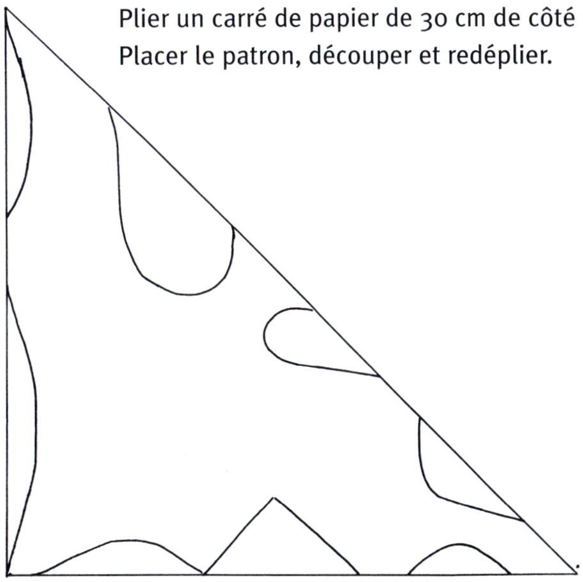

Table des créations

Liste du matériel spécifique

Décors au naturel

Abat-jours et pied de lampe : Ikéa, fleurs : La droguerie.

Vase boîte de conserve , feutre épais : Entrée des Fournisseurs

Cadre dessus d'armoire, peinture et colle : Rougié & Plé

Store oiseaux : Ikéa

Cadre en feutre, feutre : Entrée des fournisseurs

Lampe passoire : Ikéa

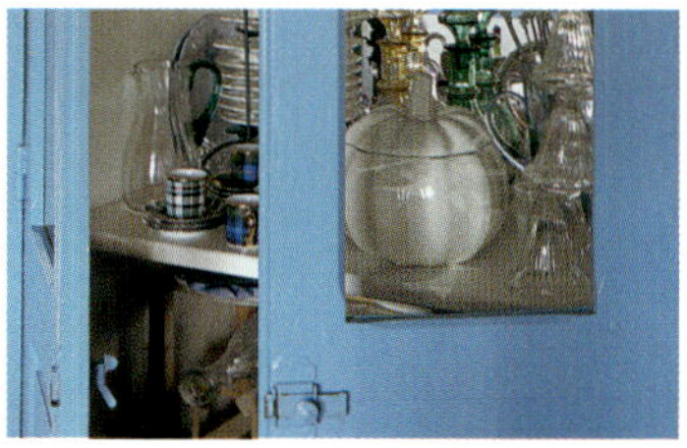

Rangements malins

Portière vide poche : tissus Dreyfus et Ikéa

Tableau à clés : métaux Weber Métaux

Housse de chemise : tissus Dreyfus

Flacons décorés : rubans La Droguerie

Cuisine en famille

Saladier en bois pyrogravé : saladier Ikéa, pyrograveur Rougié & Plé

Bocaux champignons : bocaux Ikéa

Nappe en torchons : torchons Dreyfus

Mugs peints : mugs Ikéa, feutres porcelaine Rougié & Plé

Bocaux aux roses : bocaux Ikéa, serviettes en papier et Plasticolle Rougié et Plé

Plaisir de recevoir

Compotier en papier mâché : papiers Marie Papier

Plateau herbier : plateau Ikéa, serviette Rougié & Plé

Nappe peinte : tissu Ikéa, tampon English Stamp Company

Jardin à vivre

Panier à outils : anses en cuir Entrée des fournisseurs

Tabouret bleus : tabourets Ikéa, écussons feuilles La Droguerie

Meuble de jardinage : établi Ikéa, métal Weber Métaux, peinture Résonance (référence Milan)

Vide poche seau : seau en acier galvanisé Ikéa

Photophores gravés : photophore Ikéa, graveur sur verre Rougié & Plé

Chaise longue : peinture Rougié & Plé

Moments de détente

Édredon violet : tissu Dreyfus, bouffettes Houlès

Poufs fleurs : tissus Manuel Canovas

Pied de lit ou footstool : tissu Ikéa, pied de lit Houlès

Housse de couette : housse Ikéa, tissu des fleurs et boutons Entrée des Fournisseurs

Coussins en feutre : feutres Entrée des Fournisseurs

Carnet d'adresses

Le Potager des Princes
rue de la Faisanderie
60100 Chantilly

Hôtel les Roches Blanches
route des calanques
13714 Cassis
04 42 01 09 30

Rougier & Plé
13, boulevard des Filles-du-Calvaire
75011 Paris
Catalogue de vente par correspondance
au 01 64 54 70 00
Renseignements au 0 825 160 560

Ikéa
Points de vente au 0 825 094 825

English Stamp Company
en vente au sous sol du Bon Marché
7, rue de Sèvres
75007 Paris

Weber Métaux
66, rue de Turenne
75003 Paris
01 42 71 23 45

Dreyfus
2, rue Charles-Nodier
75018 Paris
01 42 64 31 83

Entrée des Fournisseurs
La Mercerie parisienne SARL
8, rue des Francs-Bourgeois
75003 Paris
01 48 87 58 98

9, rue Madame
75006 Paris
01 42 84 13 97

La Droguerie
9, rue du jour
75001 Paris
01 45 08 93 27

Manuel Canovas
223, rue Saint-Honoré
75001 Paris
01 58 62 33 50

Résonances
3, boulevard Malesherbes
75008 Paris
01 44 51 63 70

Houlès
18, rue Saint-Nicolas
75012 Paris
01 43 44 65 19

Remerciements

Merci à ceux qui nous ont gentiment ouvert leurs portes pour la réalisation des photos.
Gisèle Delorme et Xavier Aragon dans leur charmante longère Normande,
Joëlle et Jean Pierre Rabourdin dans leur jolie maison accueillante,
M. Louis Curt dans sa maison au bord de l'eau, à M. et Mme Bienaimé
du potager des Princes à Chantilly et à l'hôtel des Roches Blanches à Cassis.
A Patrick Pradalié et Christian Gilly et à Marie-Claire et Martin Bretonneau et leur fille Lucie.

Mais aussi et surtout
Un immense merci à Cécile, ma femme, pour son aide précieuse et son soutien.
Merci à Hugo, Lucas et Paolo pour leur patience.
A Claire Curt pour ses sublimes photos !
Merci à Régine Laffine pour son aide.
Et merci à tous ceux qui ont contribué de près ou de loin à la réalisation de ce livre.

AVENUE
LOUIS
SOREL

Imprimé en Espagne par Gráficas Estella
en novembre 2003